소리 · 아홉

오계와 팔정도

말한이 활 성 | 엮은이 김 용 호

고요한소리

일러두기

이 책은 1996년 3월 26일 활성 스님께서 서울 〈고요한소리〉에서 하신
말씀을 중심으로 김용호 박사가 엮어서 정리하였다.

차 례

오늘은 오계五戒, 즉 다섯 가지 계율戒律을 주제로 말씀 드리고자 합니다. 여러분은 기독교의 십계에 대해서 들어도 보고, '십계'라는 영화도 보았을 겁니다. 계라고 하면 상당히 엄중하고 딱딱한 계율이라는 생각이 들고, 어겼을 때 처벌에 대한 두려움이 따를 것이라고 생각하기 쉽습니다. 계戒 sīla니 율律 vinaya이니 하는 말을 들으면 마음이 무거우면 무거웠지 가볍지는 않습니다.

그런데 불교에서 계와 율은 다릅니다. 불교에도 지키지 않으면 다소 제재가 따르는 것이 있는데, 그런 것을 율이라 합니다. 구족계具足戒도 율입니다. 상당히 세세한 면까지 일일이 규정하고, 또 어기는 데에 대한 벌칙까지 정해져 있습니다. 율은 출가자에게 부과된 것이지요.

이에 반해 계, 특히 오늘 말씀드릴 오계는 재가자와 출가자가 공히 자발적으로 지키는 규범이자 도덕률입니다. 오계는 다음의 다섯 가지입니다.

생명을 해치지 않기	불살생계	不殺生戒
훔치지 않기	불투도계	不偸盜戒
성적 불륜을 행하지 않기	불사음계	不邪淫戒
그릇된 말을 하지 않기	불망어계	不妄語戒
취하지 않기	불음주계	不飮酒戒

그런데 이 계는 제재가 따르는 게 아니고 자발적인 실천 사항입니다. 말하자면 '이런 것을 내가 권하니 너희들이 공부해가는 과정에서 또는 인생을 살아가는 과정에서 명심하고 지키도록 노력하면 매우 이로울 것이다.' 하는 것이 계입니다. 그러니까 지키지 않아도 그

만이고 누구도 뭐라고 말은 안 하는데, 스스로 지킴으로써 그 이로움을 깨닫고, 깨닫기 때문에 더욱 잘 지키게 되는 것이 계입니다.

불교에는 오계, 팔계, 십계, 또 구족계가 있지만 부처님이 이를 체계적으로 만들어 선포하신 적은 없습니다. 가장 중요하다는 오계와 관련해서도 '이게 오계다.' 하고 선포하셨다는 기록은 보지 못했습니다. 그저 후대에 부처님이 가르치신 여러 가지 계와 율을 종합해서 '이것은 가장 중요한 것이니까 오계다.' 하는 식으로 정리한 것입니다. 이것은 부처님 계율의 특색이지요. 처음부터 다섯 가지를 딱 갖추어서 말씀하신 것은 아니고, 경우에 따라 하나씩 말씀하신 것을 후대에 가서 뭉뚱그려 오계로 정한 것입니다.

오계는 팔정도의 일환

그러면 경우에 따라 설하신 계라고 해서 단편적이고 임의적인 것인가? 그렇지는 않습니다. 오계가 어떤 계율로서 틀 지워지지 않았다는 것을 넘어서, 팔정도八正道를 설하시는 과정에서 자연스레 제시되었다는 사실이 중요합니다. 저는 계가 팔정도의 실천으로서 설해졌다는 점을 특히 강조하고 싶습니다. 그러니까 오계를 팔정도의 일환으로서 이해하는 것이 가장 올바른 이해라고 생각합니다. 특히 팔정도의 바른 사유[正思], 바른 말[正語], 바른 행위[正業], 바른 생계[正命]가 직간접적으로 오계와 깊은 관계가 있습니다.

우선 팔정도의 첫 번째인 바른 견해[正見 sammādiṭṭhi]를 봅시다. 우리가 길을 가려면 도달할 목적지, 즉 행선지에 대한 이해가 있어야 하는데, 그 행선지가 어느 방향이라는 정도는 확실하게 알고 갈 필요가 있지 않겠습니까? 그래야 헛걸음 안 하고 한 걸음을 가도 바르게 갈 테니까요. 그렇게 올바른 방향을 잡는 것, 올바른 방향 감각, 이것을 팔정도에서는 정견 항목으로 다루고 있습니다.

정견은 바른 견해이지요. 무엇을 보는 견해냐? 인생을 보는 견해이고, 세상을 보는 견해이고, 또 삶과 죽음을 보는 견해입니다. 그러한 견해가 올바로 잡혀야 다른 모든 일들이 제대로 정돈되기에 정견을 제일 첫머리에 강조합니다. 정견은 바른 이해이기도 하지요. 요즘 우리가 흔히 쓰는 용어로는 '인생관', '세계관'이라고 할 때의 관觀입니다. 그런 관점과 이해가 바르게 잡혀야 뭘 하나를 하더라도 목적이 분명하고 방법도 분명할 수 있다는 뜻이지요.

그 다음 항목들인 바른 사유[正思 sammāsaṅkappo], 바른 말[正語 sammāvācā], 바른 행위[正業 sammākammanto], 그리고 바른 생계[正命 sammāājīvo] 등도 오계와 연결됩니다. 팔정도를 계戒·정定·혜慧 삼학三學으로 간단하게 요약할 수 있는데, 이렇게 요약할 때의 계가 바로 그것들입니다. 이렇게 보면 '오계는 팔정도의 일환'이라는 점이 분명해집니다. 오계를 생각할 때는 이 점을 염두에 두어서 하나의 형식적 계율이 아니라 실 수행의 과정이자 항목으로서 오계를 이해하는 자세를 가지시기 바랍니다.

바른 사유, 바른 말, 바른 행위, 바른 생계

바른 사유, 즉 정사正思는 팔정도에서는 두 번째 항으로 언급되지만 오계에서는 직접 언급하지 않습니다. 심지어 삼학으로 요약할 때는 정사를 혜의 항목으로 넣지 계의 항목으로는 넣지 않습니다.

그러나 우리가 행위를 가리키는 신身·구口·의意 삼업三業이나 신身·구口·심心 삼행三行을 말할 때, 각 항목에는 생각이라는 것이 다 포함되고 반영되어 있습니다. 예컨대 '구행口行은 심사尋伺 vitakkavicāra다.' 하는 언급이 있는데 심사가 생각의 과정들을 말하니까 '입으로 하는 행동은 생각의 과정이다.'라는 뜻입니다. 그

리니 결국 말이라는 행위도 바르게 하려면 팔정도의 바른 사유, 정사正思와 관계 지을 수밖에 없습니다.

정사正思는 직접 계의 항목으로서 정리되진 않았지만 넓은 의미로는 계에 넣어서 이해해도 무방합니다. 분류의 형식적인 틀에 가둘 필요가 없지요. 사실 부처님은 팔정도를 설하시면서 삼학도 언급하셨지만, 구체적으로 어느 것은 계이고 어느 것은 정이고 어느 것은 혜라고 딱 구분하여 말씀하신 적은 없습니다. 후대 학자들이 팔정도를 삼학으로 분류하여 대비시킨 것이므로 분류의 틀 자체가 절대적인 것은 아닙니다.

보통 우리가 어떤 행동을 할 때는 먼저 생각으로 하고, 그 다음에 말로 하고, 그 다음에 몸으로 하고, 또 그런 과정들이 결합된 행위를 하는 것 아닙니까. 따라서 '정사, 정어, 정업, 정명이 계다.'라고 해도 틀린 말이 아닙니다. 그 맥락에 따르면 정사는 계에 속할 것입니다. 정견은 어디까지나 견해이니까 지혜임이 확실한데, 정사는 지혜도 될 수 있겠고 또 계도 될 수 있겠다고 저는 생각합니다.

그 다음이 바른 말, 정어正語인데 거짓말이나 틀린 말, 잘못된 말을 하지 않는 것이지요. 부처님은 팔정도에서 정어를 말씀하시면서 네 가지 그릇된 말과 그에 반하는 네 가지 바른 말을 언급하셨지요. 즉 거짓말, 뒤에서 헐뜯는 말, 험한 말, 꾸미는 말은 다 악업을 짓는 말이다, 따라서 그러한 말은 하면 할수록 하는 사람이 불행해지고 안 하면 안 할수록 그 사람이 자유롭고 행복해질 수 있다는 겁니다.

우리는 이 입이 만 가지 화를 불러들이는 원인이라

는 것을 어려서부터 알고 있습니다. 말이라는 게 얼마나 삼가고 조심해야 할 것인지를 잘 알고 있으면서도 말에 관한 한 우리는 항상 후회하게 마련입니다. 대부분의 말은 해놓고 나면 후회스럽지, 참 잘했다 싶은 말은 열에 하나도 찾기 어려워요. 오늘 여기 나오면서 차에서 라디오를 들으니 아나운서가 "후회는 언제나 늦은 법이지요."라고 합디다. 그 말이 나오길래 실소를 했는데, 후회는 늦지요.

말은 조건반사적으로 튀어나오기 쉽고 자제하기가 대단히 어렵습니다. 속에 어떤 감정이 있거나 바깥에서 어떤 감정을 자극해올 때 무의식적으로 튕겨나가는 첫째가 말입니다. 마음은 밖으로 드러나지 않으니까 상대방은 모를 수도 있는데 말은 쏜살같이 튀어나가고 나가서는 아주 결정적인 작용을 해버립니다. 한번 나간 말은 되돌릴 수가 없지요.

팔정도에서는 그 때문에 바른 말을 계의 가장 앞머리에 둔 것 같습니다. 오계에서는 순서가 바뀌어서 뒤로 가 있습니다만 팔정도에서는 제일 앞에 있습니다. 그 순서가 참 합리적입니다. 생각이 있고, 그 다음에 말이 있고, 그 다음에 행동이 있을 테니까 그 순서에 따라서 팔정도에 설해져 있는 것입니다.

그러니 우선적으로 말을 삼가도록 해야 할 것입니다. 특히 거짓말, 헐뜯는 말, 험한 말, 그리고 허황되고 꾸미고 가식적인 말들을 하지 않도록 노력해야 할 것입니다. 그러면 그 대신 어떤 말을 해야 할까요? 그 반대인 참된 말, 진실한 말을 하고, 같은 말도 때와 장소에 맞도록 하고, 상대방이 불쾌하게 받아들이면 모처

럼의 좋은 말도 효과가 없으니까 듣기 좋게 말하고, 너무 길거나 애매해서 오해가 생길 여지가 없도록 명확하고도 간단하게 말을 하라고 부처님은 권하셨습니다. 그게 바른 말, 정어에 해당됩니다.

그 다음이 바른 행위, 정업正業입니다. 정업은 삼마깜만따*sammā kammanta*인데, 깜마란 말은 후기 대승 불교에서 '업'으로 번역해왔습니다. 그래서 우리가 '업 짓는다'라는 표현처럼 업이란 말을 널리 쓰게 되었습니다. 그런데 부처님이 깨달으시고 처음 설하신 〈초전법륜경〉을 보면 팔정도에서의 업이란 '몸으로 짓는 행위', '몸으로 하는 행동'을 가리킵니다. 그래서 몸으로, 즉 손이나 발이나 육신으로 짓는 행동 중에 하지 말도록 권하는 것이 정업입니다.

그 중 첫째가 불살생不殺生, 즉 '생명을 해치지 말라.'

입니다. 불살생은 남의 하나뿐인 생명을 해치지 않는 것은 물론, 그에 따른 저주가 두려워서라도 우리가 하지 않도록 노력해야 할 것임이 분명합니다. 그러나 이 당연한 것이 지켜지지 않고 있는 데서 오늘날 인류의 크나큰 문제점이 있습니다.

살생을 하지 않는 것은 불교문화, 또 인도문화권에서는 일찍부터 중시했던 데 반해서 여타 문화권에서는 그렇지 않습니다. 불살생不殺生의 중요성을 잘 모르고 있다 이 말입니다. 그게 각 문화권의 특색으로 그치면 좋은데, 오늘날 인류가 공동운명체로 결속이 된 마당에는 대단히 중대한 문제가 되고 있습니다. 지구 생명체들의 멸종을 위협하는 수준에 이른 거지요. 이제 불살생은 지키면 지키고 말면 말고 하는 수준을 훨씬 넘어섰다는 데 그 절박성이 있습니다.

그 다음이 불투도不偸盜, 즉 '훔치지 말라.'는 것이고, 그 다음이 불사음不邪淫, 즉 '성적 불륜을 행하지 말라.'는 것입니다. 이렇게 팔정도의 정업에서는 몸으로 짓는 세 가지 업을 특히 경계해야 할 것으로 이야기하고 있습니다. 반면 오계에는 몸으로 행하지 말아야 할 세 가지 업에 둘을 더 보탭니다. 앞서 말한 불망어不妄語와 더불어 불음주不飮酒, 즉 '그릇된 말 하지 말라.'와 '취하지 말라.'는 것입니다. 이렇게 해서 다섯 가지로 갖추어진 것이 오계이고, 이 오계는 승속을 막론하고 부처님 법에 가까이 다가가려는 사람은 누구나 명심해서 자발적으로 지키도록 노력해야 할 사항들입니다.

다음 항목이 바른 생계, 정명正命입니다. 한자로는 목숨 명命 자로 표기하는데, '바른 생활태도' 또는 '바른 생활수단'을 말합니다. 영어로는 '생계livelihood'라고 번역합니다. 요즘은 '직업'을 가리킨다고까지 해석을 합니다. 정명이 그렇게 좁은 뜻인가에 대해서는 조금 의심스럽습니다만, 경에 그 비슷한 설명이 계속 나오니까 일단 그렇게 이해할 수밖에 없겠지요. 바르게 살기 위해서는 생활 수단 자체가 올발라야 한다는 것입니다.

특히 앞에 말한 바른 행위, 정업과 관련해서 불살생은 혼자 살생을 하지 않는 데만 그쳐서는 의미가 없습니다. 예를 들면 살생 도구를 생산하거나 살생을 권장하는 어떤 직업을 갖고 있어서는 안 될 것입니다. 그런데 '생명을 해치지 말라.'고 했으니까 나 자신이 낚시질을 하지 않는 것도 중요하지만 내가 낚시 도구를 팔고 있다면 스스로 모순되지 않느냐, 따라서 직업으로도 하지 말라, 즉 남으로 하여금 그러한 불선한, 이익

이 안 되는 해로운 일을 하도록 음으로 양으로 권하는 일은 하지 말라는 것이 정명입니다. 이 정도로 팔정도에서의 계 부분을 간략하게 정리하겠습니다.

오계의 현대적 함의

이 기회를 이용해 오계에 대해 조금 더 깊이 검토해야겠습니다. 보통 절에 다니는 불자들은 오계 이야기가 나오면, '나는 그거 잘 지킵니다.'라고 합니다. '나는 남의 주머니에 손 넣지 않았으니까 훔치지 않았다.' 하는 식으로 넘어가면서 '나는 해당 없어.'라고 하지요. 과연 그럴까요? 혹시 그런 태도가 부처님의 가르침을 예사롭게 흘려버리는 과오를 범하는 것은 아닐지 우리 자신의 삶을 되돌아보아야 하겠습니다.

오계의 첫째가 불살생不殺生이지요. 살생은 목숨 빼앗는 것을 가리킵니다만 생명을 해치거나 고통을 주는 것도 다 포함됩니다. 예를 들면, 어린애들이 장난삼아 잠자리를 잡아서 날개 하나를 뽑아버립니다, 그 잠자리는 당장 죽지는 않습니다, 한쪽 날개로라도 억지로 날아갑니다. 그러면 그건 살생이 아닌가요? 그렇지 않지요. 생명을 불구로 만들어 중대한 해악을 끼친 것이니 불살생계를 어긴 것에 해당됩니다. '생명을 해치지 말라.'는 것이 얼마나 현명한 가르침인가는 오늘날 우리가 몸으로 직접 경험하고 있습니다. 요즈음 마음 놓고 수돗물도 못 마시는데, 그 원인 중에 큰 부분이 농약 살충제 화학물질로 인한 오염입니다. 우리는 수확을 좀 더 올리기 위해 어느 때부터인가 농약을 쓰기 시작했습니다. 우리 전통에서는 농사를 하나 짓더라도 그 곡식을 두고 어떤 대상과 경쟁 관계에 서서 '그 대상을 쫓아내고 내가 독점하겠다.'는 식의 발상은 하지 않았지요. 쥐가 좀 뜯어먹거나 벌레가 좀 뜯어먹더라도 '나누어 먹는다.'고 생각했지, '절대 그러면 안 된다.' 든가 상대의 목숨을 해쳐서라도 '이 곡식을 내가 독점하겠다.'는 식의 발상은 하지 않았습니다.

그러나 농약을 쓰면서 소위 해충을 죽이기 시작했습니다. 농약이라는 이름도 참 우스워요. 왜 거기다 '약'이라는 말을 썼을까요. 약이 아니지요, 죽이는 거지요. 어쨌든 이 살충제, 강력한 구충제를 써서 수확을 많이 올려 농사의 수지를 맞추었습니다. 어찌 보면 늘어가는 인구의 식량문제를 해결하는 데 도움이 되었다고도 할 것입니다. 단기적으로는 그렇습니다만 장기적으로는 대단히 심각한 문제가 되고 있습니다. 몇천 년 농사 전통에서 농약을 쓰기 시작한 것은 불과 몇십 년도 안 됩니다. 그 짧은 기간에 농약을 사용한 과보가 벌써 우리에게 치명적으로 돌아오고 있다는 말입니다.

목숨은 어떤 경우에도 어떤 명분으로도 해쳐서는 안 되는 것이었는데, 우리는 '과학 영농을 한다.'느니 '수지맞는 농사를 짓는다.'느니 하는 명분하에 그 무서운 계를 어긴 것입니다. 본격적이고 대대적으로 살생을 저지르게 되었고, 그 과보는 얼마 못 가서 바로 우리에게 돌아오고 있습니다. 그래서 물도 마음대로 못 마시고 몇만 년을 내려온 금수강산을 무서운 독으로 오염시켰습니다. 앞으로 지하수까지 오염되는 날이면 그 다음 대책은 어떻게 세울지 참으로 두려운 실정입니다.

그 출발점은, '생명을 해치지 말라, 존귀한 생명을 아끼고 존중하라, 남의 생명은 내 생명과 같다.' 하는 사상이 은연중에 무시된 데 있습니다. 여러 명분에 휩싸여서 우리의 주의가 생명의 존엄성에 미치지 못하는 사이에 이렇게 엄청난 사태로 진행된 겁니다. 이제는 이미 호랑이 등에 탄 격이라 내릴 수도 없어요. 이젠 농약을 치지 않으면 농사가 안 된다고 합니다. 앞으로 과학이 더 발달하면 아주 심각한 사태는 넘길지 모릅니다. 그러나 우리의 이익을 위해서 남의 생명을 해치고 있는 한 아무리 과학기술이 발달해도 그 과보를 면할 수 없습니다. 만약 여러분이 과학으로 위기를 면할 수 있다고 생각한다면 오계를 되짚어보는 지금의 입장에서 다시 생각해 보아야 할 것입니다.

우리가 근래 서구로부터 받아들인 의학적 사고방식도 역시 살생의 철학입니다. 옛날 우리 조상들이 병을 대하는 태도는 아까 말한 농사짓는 태도와 비슷합니다. 몸이 불균형을 이루어 어떤 부분이 약하면 그 약한 부분을 약을 써서 보하거나 침으로 자극을 줘서 활력을 되살리는 식으로 병을 다스려왔습니다.

그런데 서구 의학은 발상법이 다릅니다. 말하자면 병 뒤에는 악마가 있습니다. 병균이 있다 이 말입니다. 그래서 어떻게든지 그놈을 박살내야 합니다. 약을 쓰든지 수술을 하든지 그 균을 죽여야 건강을 되찾는다는 사고방식입니다. 병균을 죽이는 약을 몸에 투입합니다. 기를 보하는 약이 아니라 균을 죽이는 약을 몸에다 넣습니다. 그런데 농약의 경우와 마찬가지로 그놈들은 안 죽으려고 자꾸 저항성을 키우거든요. 그래서 더 강한 약을 써서 균을 죽입니다. 그럼 이 균은 죽지 않으려고 저항성이 더 강해집니다. 그럼 더 강한 약을 또 써야 합니다. 서로 무한 경쟁을 하는 겁니다.

이렇게 해서 우리 몸뚱이가 무서운 독과 생명력과의 무한 경쟁의 전쟁터로 변하고 있습니다. 몸뚱이 자체 가요.

　이렇게 된 것도 불과 얼마 전부터입니다. 우리 동양 인들은 몸이 아프면 의원 찾아가서 약 한 첩 지어먹고 기운을 차린다든가 원기를 회복한다든가 균형을 되찾 는다든가 해서 나았습니다. 뭐 또 낫지 않으면 할 수 없는 것이었습니다. 그런데 지금은 농약 쓰듯이 몸 안 으로 소위 의약을 투입하고, 그것도 모자라 장기를 아 예 기계 부속품처럼 교환합니다.

　불교계에서도 죽으면서 장기 제공하는 것을 운동으 로까지 전개한다는 말을 들으면서 제 심정은 착잡했습 니다. 어떻게 보면 참 아름다운 이야기입니다. 이제 죽는 마당에 쓸모없게 된 내 기구를 필요로 하는 산 사람에게 준다, 우선은 아름답습니다.

그런데 길게 보아도 그럴까요? 아마 인간의 오장육부가 공장에서 생산되는 날이 올 겁니다. 얼마 안 있어 장기이식도 필요가 없어집니다. 남 쓰던 거 뭐 하러 써요? 새 거 공장에서 사서 쓰면 되는데. 그렇게 되면 중대한 문제가 하나 생깁니다.

이 교만하고 무지한 우리 인간이 그래도 겸허해지는 건 죽음 앞에서입니다. 그런데 앞으로는 죽음마저도 겸허해지는 계기가 아니라 돈타령하는 계기가 될 겁니다. '어느 나라 어느 공장에서 최신 제품의 간이 나왔는데 내가 돈이 없어 못 사서 죽는다.'라고요. 그런 때가 되면 생명에 대한 경외감, 죽음에 대한 두려

움은 어디론가 종적을 감추게 될 것입니다. 얼마 전에는 죽을 때 '뻑!' 하고 외치고 죽는다던데, 이제는 '돈!' 하고 외치며 죽을 겁니다. 그렇게 죽는 사람은 죽음이 주는 고귀한 자기 각성, 인생을 되돌아보는 절체절명의 기회를 스스로 포기하는, 그래서 죽음의 교훈마저 살리지 못하는 비극적 인간이 됩니다. 오늘날 장기이식의 미담이 결코 순수한 미담으로만 들리지 않는 데 고충이 있습니다.

불살생계는 그 정도로 하고, 다음은 불투도계不偸盜戒입니다. '훔치지 말라.'는 얘기인데 본래는 '주어지지 않은 것은 갖지 말라.'는 뜻입니다. 주어지지 않은 것, 그것이 설혹 길가에 지천으로 널려 있더라도 갖지 말아야 한다는 겁니다. 이 계를 생각하면 오늘날 우리는 몸 둘 바를 몰라야 마땅합니다. 뭐 주기를 기다리기는 커녕 못 가져서 안달 날 정도를 넘어 사생결단을 하지요. 뭐 그래도 법이 무서우니까 도적질은 안 한다고 칩시다.

그런데 우리는 합법적으로 많은 도적질을 하고 있습니다. 우리는 우리 후손들이 누려야 할 것, 후손의 재산이 될 것을 많이 빼앗고 있습니다. 환경을 오염시키는 것이 바로 그 전형입니다. 우리는 조상들로부터 깨끗한 환경을 물려받았습니다. 우리는 그것을 후손들에게 더 깨끗하고 더 아름답게 만들어서 물려줘야 할 의무, 부모로서 또는 선조로서의 의무가 있습니다. 후손으로서 받았을 뿐 아니라 선조로서 물려주어야 하는 것입니다. 그런데 지금 우리는 탐욕스럽기 그지없어서 우리 후손들이 누려야 할 자연을 목전의 내 이익을 위해서 몽땅 유린하고 남용하고 훼손합니다. 이게 도적질 아닙니까? 역사 앞에서 도적질하는 것입니다. 그런 짓을 하면서 입으로는 '경제를 발전시켜 부강한 사회를 후손들에게 물려준다'고 큰소리치고 있습니다.

긴 역사적 안목에서 보면 우리 세대는 과학이라는 신비로운 장난감에 도취된 철없는 아이에 속할 겁니다. 요사이 아이들이 컴퓨터 놀이에 정신을 잃고 열중한다던데, 그거 애들만 보고 할 얘기가 아닌 것 같아요. 과학기술 놀이에 정신이 빠져서 그 결과가 어떨지를 전혀 돌아보지 않는 무지한 어른들, 위정자나 사회의 지도층은 전자오락실에서 노는 애들하고 똑같습니다.

그것이 자기 세대의 정신적 황폐에 그치면 그나마 괜찮은데, 후손들이 마땅히 누려야 할 환경과 자원을 몽땅 유린하고 있다 이 말입니다. 무슨 작심으로 이러는 걸까요? 그런 훔치는 죄를 우리가 짓고 있습니다. 우리는 대대적으로 불투도계를 범하고 있는 것입니다. 그리고 그 과보 또한 바로 받고 있습니다. 그런데 문제는 누구나 그런 현상을 목격하면서도 '그것이 아니다.'고 이야기하는 사람이 잘 안 보여요. '그래선 안 된다.'고 이야기하는 사람이 없습니다. 경제발전이라는 명분 앞에서 모두 꼬리를 감추고, 대규모로 훔치는 일들이 공공연하게 인정되고 있어요.

이런 시점에 우리가 오계를 말하고 있는 것은 어찌 보면 너무 한가한 노릇인지도 모르겠습니다. 그렇지만 정말 이런 시대에 우리는 부처님의 지혜에서 나온 오계를 자기 자신에게 엄중히 대입해봐야 합니다. 그리고 구조적으로 행해지고 있는 현대의 대대적인 과오를 깊이 들여다보고, 부처님의 오계 정신을 이 시대에 과감하게 적용해 나갈 방법을 찾는 데 마땅히 머리를 싸매야 할 것입니다.

참으로 벅찬 과제입니다. 여기 모이신 여러분은 스스로를 왜소하고 무력한 존재라고 생각할지 모르겠습니다. 그 앞에다 대고 제가 이런 말씀드리는 게 때와 장소에 맞지도 않는 말을 하는 것이어서 바른 말[正語]을 어기고 있는 것인지도 모르겠어요. 그러나 가장 비근한 우리의 삶을 계에 입각해 생각해 보고, 내가 오계를 깨는 데 어떻게 동조하고 공범이 되고 있는지를 챙겨보는 일은 불자로서 수행의 근본이 될 것입니다.

비록 텔레비전이, 신문과 잡지가, 학교가, 사회가 그저 '소비, 소비, 소비'로 우리 자신과 아이들을 몰아가고 있다 할지라도, 내가 자식들에게만이라도 굳건하게 계를 지키는 모범을 보이고, 나의 가정부터가 새로운 길을 모색하는 계의 장이 되도록 만들 길은 정말 없는 가? 진정 부처님이 말씀하신 '일 없는 생활, 간소한 생활' 그런 생활을 할 수는 없는가? 이걸 한번쯤 생각해 보자 이 말입니다.

더 나아가 조금 줄여 쓰는 정도가 아니라 애초에 쓰고 싶은 마음이 적게 일어나도록 근본적인 가치 전환을 시도해야 합니다. 그래야 앞서 말한 바른 견해, 정견이 제대로 잡힙니다. 이 사회 전체가 소비를 보는 견해가 잘못되어 있더라도 나만은 생각의 모서리에서 잘못된 소비관을 하나하나 점검해 털어내서 소비에 대한 견해를 바로 세워보자, 정말 소비가 많을수록 행복한가? 물건을 많이 구입해야 행복도 많아지는 것인가?

그런 생각이 은연중에 내 뇌리에 있지는 않는가? 이런 걸 점검해보자는 겁니다. 그래서 '소비는 좋다.'는 신화에 내가 철없이 말려들어 오염되었다면 그걸 한번 씻어내 보자는 겁니다.

소비가 옳으냐 그르냐를 얘기하는 것이 아닙니다. 필요할 때는 소비해야지요. 그러나 소비를 위한 소비는 내가 자유롭기 위해서도 한번 점검해서 털어내야 합니다. 이렇게 바른 견해를 세워나가면 오계도 바로 세울 수 있다는 겁니다.

'심플 라이프simple life'란 참 좋은 말입니다. 생활이 심플하면 얼마나 좋겠습니까. 여러분 너무들 바쁘지요? 가만히 들여다보면 한가한 시간이 두려워서 바쁨 속으로 도피하는 경우가 많은 것 같아요. 어쩌면 여러분이 제일 두려워하는 게 바로 그 심플 라이프지요. 왜 두려워하게 되었을까요? 바로 바른 견해, 바른 사유가 잘못된 결과입니다. 시간이 나고 조금 무료하면 견디질 못해요. 아이들이 심심하면 낙서라도 하듯이 심심하면 신문이라도 들추고 텔레비전이라도 보고, 좌우간 뭔가 하고 맙니다. 가만히 있는 걸 제일 두려워하지요.

그러면서 과연 여러분이 불자고 불교인이라고 얘기할 수 있을까요? 불교에서 뭘 가르치던가 생각해 보십시오. '나 어디 가서 참선 배운다.' 하고 말은 많이들 하는데, 시간이 조금만 나면 감당을 못 해서 바깥으로 바깥으로 마음을 계속 씁니다. 그러면 심플 라이프는 커녕 살생과 투도의 구조에 일조할 수밖에 없습니다.

그 다음이 불사음不邪淫입니다. 이 계는 재가자나 출가자 공히 해당되지만, 그 양쪽에 대해서 주문이 좀 다릅니다. 재가자는 가정을 이루고, 가정은 부부 관계가 중심이니까 성생활이 출가자처럼 전적으로 배제될 수는 없습니다. 그러나 '이건 욕망이야, 본능이야.' 하고 넘어갈 문제로 불사음을 보면 안 됩니다.

소위 음양이 합하는 데 어떤 규칙이 있습니다. 사바세계가 물질적으로든 정신적으로든 음양이 조화를 이루어서 구성되는 것은 기본 질서입니다. 그렇기 때문에 여기에는 대단히 중요한 규칙이 있습니다. 삿된 음행은 하지 않도록 엄중한 규칙이 확립되어 있습니다. 그것이 무너지면 이 사바세계의 질서는 송두리째 무너집니다. 그만큼 불사음은 이 질서의 중심축입니다. 따라서 이 불사음계를 가볍게 넘기지 마시고, 깊은 의미를 갖는 것으로 궁구해 두시기 바랍니다. 여기 오신 분들은 다 이 사회의 모범이 될 만큼 계가 반듯한 분들이라 생각되어 더 긴 이야기는 하지 않겠습니다.

다음이 이제 불망어不妄語입니다. 불망어는 팔정도의 '바른 말' 항목이 따로 있어서 강조되고 있으니까 얼마나 중요한 것인가는 아까 제가 간단히 강조한 바 있습니다. 오늘 이 시대는요, 어떻게 보면 언어 공해의 시대이기도 합니다. 공해, 공해 하지만 아까 말한 수도 오염이나 공기 오염은 그에 비하면 오히려 문제가 아닙니다. 현대의 가장 특징적 공해는 언어 오염일 것입니다.

말 자체가 오염된 것은 물론, 말에 의한 오염과 오염화가 제도화되어 있다 이 말입니다. 말에 의한 오염은

이 사회의 기본 축을 이룰 정도입니다. 언어를 통한 오염은 너무 교묘하고 구조적이고 대대적이어서 여러분이 미처 못 느낍니다. 도적도 큰 도적은 도적이 아니거든요. 언어에 의한 오염 중에 이데올로기나 사상이라는 형태의 오염은 특히 이 시대에 심각합니다. 불교 용어로 하면 희론戲論이지요. 언어 장난질이 학문이니 이념이니 사상이니 가치관이니 하는 거창한 라벨을 달고 포장해서 나오는 통에 오계에서 강조해온 정말 중요한 기본 가치가 소리도 없이 그냥 무시당하고 외면당하고 감춰져버립니다. 여기에 근본 문제가 있습니다.

여기에 종교마저도 큰 몫을 거들고 있어서 제가 이런 자리에서 부끄럽기도 합니다. 아마 그 일차적 책임은 소위 정신세계를 사는 사람들이 져야 할 것입니다. 오죽 변변찮아서 제 구실을 못 하니까, 속인들이 어쭙

잖은 희론을 가지고 세상을 그렇게 대대적으로 속이는 것 아닌가, 얼마나 진리가 진리답지 못 하게 되어버렸으면 진리가 아닌 것들이 저렇게 날갯짓을 칠 수 있단 말인가, 우리 입장에서는 그렇게 자책합니다.

언어 공해의 가장 심각한 증상은 사람들이 아예 진리를 찾지 않게 되어버렸다는 겁니다. '진실 지키고 어떻게 살아? 손해야.' 이렇게까지 되어버렸어요. 바로 그 서슬에 정말 중요한 것들이 그냥 통째로 다 폐기되고 있습니다. 오늘날 불망어가 왜 중요한가를 깊이 되돌아보지 않을 수 없는 이유입니다.

그 다음이 불음주不飮酒이지요. 오계 중에도 그 앞의 것들은 구계舊戒 라 하고, 이 불음주계는 신계新戒 라고 하여 구별하는 경우도 있습니다. 구계는 불교가 나오기 전부터 내려와서 사람들이 종파의 차이를 불문하고 다 지켜온 것인데, 불음주계만은 불교에서 처음으로 첨가한 것이므로 신계라 부른 겁니다. 그만큼 불교에서 남들은 하지 않는 것을 강조하고 있습니다.

왜 불음주, '취하지 말라.' 하셨을까? 오늘날 이 시점에서 여러분은 부처님 지혜에 새삼 무릎을 칠 것입니다. 술뿐 아니라 마약이라든가 인간을 중독시키는 것들이 얼마나 널리 만연되고 있는지는 여러분이 다 목도하고 계시니까, 그리고 자녀들 키우면서 전전긍긍하니까 불음주가 얼마나 부처님의 지혜로운 통찰이었는지는 알고도 남음이 있을 겁니다.

'불음주를 지키겠다.'는 말의 본래 의미는 '곡주 및 과주를 마시지 않겠다.'는 것입니다. 그러니까 '방일放

逸의 터가 되는, 또는 방일을 야기하는 곡주 및 과주를 마시지 않겠다.'는 뜻입니다. 그 당시에는 정신을 흐리게 하고 방일하게 하는 것이 곡주와 과주가 전부였지만 요즘은 거기에 그치지 않습니다. 많은 것들이 새로 첨가되었습니다. 그래서 단순하게 술을 마시지 않는다고 해서 '내가 불음주계를 지키고 있다.'고 자부할 수 없는 형편이 되었습니다. 인간의 정신을 흐리게 하는 대표적인 것이 마약이고, 그 외에도 텔레비전, 게임, 그리고 각종 중독 유발 상품들이 즐비합니다. 이런 것들이 우리 생활을 통째로 침범해오고 있습니다. 이래서 방일해지는 것이거든요.

방일하다는 말은 자기 마음 챙기기를 놓치는 것입니다. 불방일不放逸 *appamāda*은 자기 '마음 챙기기'를 잠시도 쉬지 않는 것, 즉 멍하니 있지 않고 항상 정신을 또렷하게 챙기고 있는 것입니다. 부처님이 열반하시면서 우리들에게 '제행諸行은 무상無常하다, 방일하지 말라.[1]'고 하셨습니다. 부처님 최후의 말씀이지요. 그 방일을 돕는 게 술을 비롯한 취하게 하는 것들이므로 이들 방일을 조장하는 요소들을 멀리할 때 불음주계를 지키는 것이 됩니다. 음으로 양으로 나를 방일하도록 조장하는 유혹들에 대해서 정신을 또렷이 차리고 '요놈이 바로 방일을 조장하는 원인이다.' 하는 경계의 눈초리를 잠시도 늦추지 않도록 노력할 때, 그때 우리는 진정한 불방일계를 지키는 것입니다. 오계의 내용과 범위를 오늘날의 맥락에서 이렇게 되짚어 보았습니다.

---

1 'vayadhammā saṅkhārā. appamādena sampādetha'《장부》 16〈대반열반경〉참조.

오계와
바른 노력, 바른 마음챙김, 바른 집중

앞서 팔정도의 앞 항목들과의 연관 속에서 오계를 얘기했으니, 이제는 팔정도의 뒤 항목들과 오계를 관련 지어야 오늘 이야기가 앞뒤 구색이 갖춰지겠습니다. 팔정도에서는 계에 관한 항목이 나오고 나서 그 다음으로 바른 노력[正精進 sammāvāyāmo], 바른 마음챙김[正念 sammāsati], 바른 집중[正定 sammāsamādhi]이 나옵니다.

우선 계를 지켜나가다 보면 우리의 삶이 어느 정도 틀이 갖춰지고 질서가 잡히면서 헐떡거리는 것이 조금씩 가라앉아 자기의 내면을 좀 더 깊이 들여다볼 수 있게 됩니다. 이것이 계의 공덕입니다. 정을 닦으려는 사람이 반드시 계를 닦지 않으면 안 되는 소이가 거기에 있습니다. 부처님도 '계를 구족하는 사람에게 정의 과실果實과 복이 온다.' 하셨습니다. 이렇게 계를 지키다 보면 마음이 가라앉고 자기의 내면을 성찰할 수 있는 여지가 다소간 생깁니다.

전에는 그저 피상적으로 계율 항목을 지키는 정도여서 '내가 도적질을 했는가 안 했는가.'를 반성하는 수준이었다면, 이제는 좀 더 섬세하고 미묘한 마음의 갈래와 갈피를 잡을 수 있게 됩니다. 그렇게 되면 전에는 미처 깨닫지 못했던 자신의 여러 가지 모습들이 드러납니다. 전에는 전혀 손길과 눈길이 가 닿지 않던 그 깊이에서 자기 모습을 보게 됩니다. 즉 더 깊이 들여다볼 수 있게 되는 겁니다. 그렇게 깊이 보기 위해서 계를 반드시 닦아야 합니다.

이때 '자신의 여러 모습을 어떻게 처리해야 하는가.'
와 관련된 것이 바른 노력, 정정진입니다. 자신의 잘못
된 면, 이롭지 못한 면은 빨리 더 과감하게 끊어내야
되겠습니다. 나아가 내가 지금은 물들지 않았지만 이
제 곧 물들려고 하는 것은 멀리해야 되겠습니다. 예를
들면 나는 도박을 하지 않는데 주변 사람들이 만날 고
스톱을 친다, 그러다 보면 나도 언젠가 같이 칠 수 있
다, 그러니까 한번 손대면 끌려 들어간다는 것을 알고
미리 정신을 차리고 경계하는 겁니다. 해로운 점들에
관해서는 나에게 이미 들어온 것은 끊고, 들어올 위험
이 있는 놈은 방어하고 경계하는 것입니다.

반면 누구에게나 좋은 점은 있듯이 나에게 있는 좋

은 점은 더욱 발전시키고, 남들에게는 있는데 나에게 없는 좋은 면, 예를 들면 나에게는 없는데 친구에게는 있다든가, 또는 부처님에게 있는 좋은 점은 계발하는 겁니다. 이렇게 나쁜 점을 버리고 경계하고, 좋은 점을 키우고 계발하도록 노력하는 것이 바른 노력, 정정진입니다. 불교의 정진이란 바로 그 뜻입니다.

그러한 정진을 좀 더 깊게까지 세세한 면까지 살피면서 해나갈 수 있는 건 바로 계의 공덕입니다. 계를 지켰기에 좀 더 섬세하고 미묘하게 내면을 관찰할 수 있게 되고, 나아가 자신을 어떻게 처리해야 할지에 대한 확고한 태도도 가질 수 있게 됩니다. 그렇게 노력을 하는 것이 정진이고, 또 정진을 해가다 보면 계가 한결 더 발전되고 완성을 향해서 나아갑니다.

바른 노력, 정정진 다음의 바른 마음챙김, 정념과

바른 집중, 정정은 일반적 상식으로는 다가서기 어려운 전문성이 있습니다. 정정진을 통해 자기의 나쁜 또는 결여된 측면들을 고치고, 좋은 측면은 지키고 계발하는 노력이 어느 정도 진행되어서 마침내 상당히 균형 잡힌 인격적 원만성과 성숙을 이루었을 때, 그때 비로소 바른 집중, 정정 공부에 착수해야 해를 입지 않습니다. 그러한 인격적 성숙과 원만함을 갖추지 못한 채로, 도덕적 근거가 확립되지 못한 채로 그저 뭔가를 구하는 급한 마음으로 덤벼들면 대개는 오래 가지 못하고 실패할 뿐 아니라 잘못되기도 쉽습니다. 정념, 정정 공부는 반드시 스스로 어떤 균형을 잡을 수 있는 능력이 어느 정도 갖추어져야 잘됩니다. 이건 제 이야기가 아니고 부처님이나 역대 조사님들이 다 그렇게 가르치셨습니다.

그런 점에서 오계는 앞으로 보다 높은 공부를 해가

는 기초가 됩니다. 건물을 삼십 층으로 짓든 백 층으로 짓든 기초 공사를 할 때는 별수 없이 땅 밑을 파고 내려가야 합니다. 기초가 든든해야 하니까 층수가 올라갈수록 더욱 깊이 내려가야 합니다. 삼십 층을 짓는다고 처음부터 올라가는 일만 해서는 안 됩니다. 위를 올려다보기 전에 밑을 내려다 봐야 한다 이 말이에요. 그래서 삼십 층을 짓고 싶으면 상당히 깊게 파고 내려가야 하겠지요. 그렇게 파고 내려가서 거기서부터 기초 정비 작업을 단단히 한 후에야 마침내 그 위에 한 층 한 층을 올리는 것입니다. 그게 공부 길입니다. 그게 팔정도가 말해주는 바입니다.

요즈음 우리나라에 위빳사나 수행이 유행인데, 예로부터는 참선 수행이 전통을 이루어왔습니다. 그러나 위빳사나든 참선이든 항상 전제가 되는 말이 있습니다. '계는 기본이다, 계가 확립된 다음에 그런 노력을 해야 성과가 있다.' 이런 말은 원래 해오던 이야기입니다. 그러나 모두들 급한 마음에 그런 순서를 밟지 않습니다. '계? 그까짓 것 그렇게 중요한 것이 아니고 올라가는 것이 중요해, 한 소식 해버리면 계도 다 구족될 것인데 뭐.' 이것은 처음부터 계 따로 선정 따로 지혜 따로 라고 생각한 결과입니다. 그리곤 기초 공사를 하지 않고 바로 지상에 층을 올립니다. 이러한 성급함 때문에 많은 노력을 기울여도 그 성과가 적을 수 있습니다. 또 잘못 노력하면 노력한 만큼 화가 될 수도 있습니다. 잘못된 공부는 하지 않느니만 못하거든요.

바른 공부

그런 점에서 바른 공부가 중요합니다. 안거安居라고 해서 스님들은 석 달 동안 결제에 들어가 본격적인 공부를 하고, 여러분들도 댁에서 나름의 공부를 할 겁니다. 해제 철을 한철이라고 부르는데, 한철에는 원래 행각을 하는 겁니다. 한군데 앉아서 정진하다가 다시 또 세상을 거닐면서 공부를 계속 해나가는 거지요. 그래서 앉아도 공부, 서도 공부, 걸으면서도 공부, 이게 우리 불교의 특색입니다. 공부 말고 뭐 할 게 있습니까?

그렇게 공부를 하는데, 부처님은 '법法 *Dhamma*에 의지해서 공부하라.' 하셨습니다. 부처님이 나오셨을 당시에도 사람들은 공부를 무척 많이 했어요. 부처님이 안 나오셨어도 중생들은 공부를 했었다는 말입니다. 그런데 공부를 아무리 해도 효과가 없었습니다. 그래서 공부의 목적을 달성하지 못했지요. 그런 딱한 사정을 풀어주기 위해서 부처님이 법을 설하신 겁니다. 이 점을 잘 새겨들어야 합니다. 예사로 들으면 안 됩니다.

부처님 이후에도 '마음 다잡아서 공부만 하면 되고, 눈 한번 떠서 돌이키면 세상이 다 열반인데……' 하는 사고방식이 일어났습니다. 요즘도 공부들 한답시고 그냥 자리에 앉아서 잠 안 자고 밤을 새며 애만 쓰면 공부가 되는 걸로 생각합니다. 그러면 부처님 나오시나 마나입니다. 부처님이 안 나오셨더라도 중생들은 그렇게 공부했고, 지금도 하고 있고, 앞으로도 할 겁니다. 그게 문제가 없다면 왜 부처님이 수고롭게 45년간

행각의 고생을 하시면서 법을 설했겠느냐는 말입니다. 또 불교는 뭐 하러 나타난 것이냐는 말이지요. 불교 없어도 공부 다 하는데, 요가도 하고 고행도 하고 다 하는데 새삼스럽게 왜 불교냐 이 말입니다. 이 점을 여러분들이 명심하고 깊이 생각해보아야 합니다.

공부한다고 되는 게 아닙니다. 공부를 바르게 해야 하는 겁니다. 그렇게 바르게 공부하도록 가르치는 것이 불교이고 부처님의 역할입니다. 오늘 말씀드린 오계도 바른 공부를 위한 기초공사입니다. 단순한 계율의 오계가 아니라 '여덟 가지 바른 길, 팔정도八正道'를 걷는 일환입니다. 그 점 잘 새겨서 여러분이 바른 길 걷기를 바랍니다. ❀

━━━ 말한이 **활성** 스님

1938년 출생. 1975년 통도사 경봉 스님 문하에 출가.
통도사 극락암 아란야, 해인사, 봉암사, 태백산 동암, 축서사 등지에서
수행정진. 현재 지리산 토굴에서 정진 중. 〈고요한소리〉 회주

━━━ 엮은이 **김용호** 박사

1957년 출생. 전 성공회대학교 문화대학원 교수 (문화비평, 문화철학).
〈고요한소리〉 이사

───── 〈고요한소리〉는

◦ 붓다의 불교, 붓다 당신의 불교를 발굴, 궁구, 실천, 선양하는 것을 목적으로 설립되었습니다.

◦ 고요한소리 회주 활성스님의 법문을 '소리' 문고로 엮어 발행하고 있습니다.

◦ 1987년 창립 이래 스리랑카의 불자출판협회BPS에서 간행한 훌륭한 불서 및 논문들을 국내에 번역 소개하고 있습니다.

◦ 이 작은 책자는 근본불교를 중심으로 불교철학·심리학·수행법 등 실생활과 연관된 다양한 분야의 문제를 다루는 연간물連刊物입니다. 이 책들은 실천불교의 진수로서, 불법을 가깝게 하려는 분이나 좀 더깊이 수행해보고자 하는 분에게 많은 도움이 될 것입니다.

◦ 이 책의 출판 비용은 뜻을 같이하는 회원들이 보내주시는 회비로 충당되며, 판매 비용은 전액 빠알리 경전의 역경과 그 준비 사업을 위한 기금으로 적립됩니다. 출판 비용과 기금 조성에 도움주신 회원님들께 감사드리며 〈고요한소리〉 모임에 새로이 동참하실 회원을 기다리고 있습니다.

◦ 〈고요한소리〉 책은 고요한소리 유튜브(https://www.youtube.com/c/고요한소리)와 리디북스RIDIBOOKS를 통해 들으실 수 있습니다.

◦ 〈고요한소리〉 회원으로 가입하시려면, 이름, 전화번호, 우편물 받을 주소, e-mail 주소를 〈고요한소리〉 서울 사무실에 알려주십시오. (전화: 02-739-6328, 02-725-3408)

- 회원에게는 〈고요한소리〉에서 출간하는 도서를 보내드리고, 법회나 모임·행사 등 활동 소식을 전해드립니다.

- 회비, 후원금, 책값 등을 보내실 계좌는 아래와 같습니다.

국민은행	006-01-0689-346
우리은행	004-007718-01-001
농협	032-01-175056
우체국	010579-01-002831
예금주	**(사)고요한소리**

── 마음을 맑게 하는 〈고요한소리〉 도서

금구의 말씀 시리즈

소리 시리즈

법륜 시리즈

보리수잎 시리즈

붓다의 고귀한 길 따라 시리즈

하나	불법의 대들보, 마음챙김 *sati*

단행본

하나	붓다의 말씀

소리 · 아홉

오계와 팔정도

초판 1쇄 발행 2017년 4월 13일
초판 3쇄 발행 2021년 9월 7일

말한이   활성
엮은이   김용호
펴낸이   하주락·변영섭
펴낸곳   (사)고요한소리
제작   도서출판 씨아이알 02-2275-8603

등록번호 제1-879호 1989. 2. 18.
주소   서울시 종로구 인사동길 47-5 (우 03145)
연락처   전화 02-739-6328 팩스 02-723-9804
          부산지부 051-513-6650 대구지부 053-755-6035
          대전지부 042-488-1689
홈페이지 www.calmvoice.org
이메일   calmvs@hanmail.net
ISBN   978-89-85186-89-6 02220

          값 1,000원